LA SABIDURÍA
DEL LOBO

LA SABIDURÍA DEL LOBO

Julio César Martínez Romero

Número de Control de la Biblioteca del Congreso de EE. UU.:   2014922897
ISBN: Tapa Dura   978-1-4633-9783-8
                   Tapa Blanda   978-1-4633-9782-1
                   Libro Electrónico   978-1-4633-9781-4

Este libro fue impreso en los Estados Unidos de América.

Fecha de revisión: 26/12/2014

Para realizar pedidos de este libro, contacte con:
Palibrio
1663 Liberty Drive
Suite 200
Bloomington, IN 47403
Gratis desde EE. UU. al 877.407.5847
Gratis desde México al 01.800.288.2243
Gratis desde España al 900.866.949
Desde otro país al +1.812.671.9757
Fax: 01.812.355.1576
ventas@palibrio.com
702867

INTRODUCCIÓN

Se pone el sol y comienza la noche tenebrosa. En la oscuridad del bosque, poblado de sombras a las que la luz de la luna confiere vida, el silencio opresivo se rompe con un aullido espeluznante. Los lobos se reúnen para comenzar su cacería nocturna. Cruel, implacable y despiadada, la jauría asesina se desplaza buscando a la presa vulnerable e inocente a la que destrozará con afilados colmillos.

Esta es la percepción que los humanos tienen acerca de los lobos. Durante siglos, se vistió al lobo con un traje de maldad; se trataba de la criatura siniestra que acechaba en la oscuridad para destruir todo lo que había de bello en nuestras vidas.

Solamente hasta hace unas décadas, los naturalistas descubrieron al verdadero lobo, un ser majestuoso que recorre sus dominios guiando a sus colegas en busca de alimento. Se trata de una criatura elegante que posee cualidades muy apreciables. Son padres responsables, amorosos y dedicados, amigos fieles, guerreros valientes, estrategas inteligentes y atletas consumados.

El lobo es más un héroe que un villano. Justamente ese es el retrato que quiero mostrar en este escrito. El lobo posee y encarna la sabiduría de la naturaleza, y de él podemos aprender valiosas lecciones para nuestra vida diaria.

I

A pesar de que este libro trata principalmente sobre los lobos, comenzaré esta exposición con dos ejemplos de interacción entre los seres humanos.

En una clase universitaria, el profesor espera que los estudiantes descubran, por sus propios medios, la solución a los problemas que allí se plantean. El profesor está convencido de que la individualidad de los estudiantes debe ser respetada, y sabe que hay quienes trabajan mejor solos, otros en pequeños grupos y algunos más por pares. Por esta razón, el salón de clases es un espacio bullicioso donde proliferan las ideas, dudas e inquietudes. Los observadores externos de la clase consideran que en ese curso reinan el desorden y la falta liderazgo.

El segundo ejemplo también se desenvuelve en el ámbito académico. Una profesora universitaria dirige el trabajo de investigación de su grupo de manera libre y con tanta eficiencia que publica más artículos en revistas especializadas que cualquier otro programa de investigación del mismo centro. Sin embargo, algunos dirigentes de otros departamentos declaran abiertamente que el grupo carece de liderazgo.

En ambos casos las críticas manifiestan una concepción de un liderazgo basado en el control sobre los subordinados. Este control es ejercido por una autoridad y para ser mantenido supone la amenaza constante de un castigo, si se rompen las reglas. El liderazgo, afirman quienes defienden este concepto, conlleva un mecanismo de represión, que infunde cierto temor y obliga a acatar las disposiciones del líder.

En este libro describiremos un liderazgo muy diferente, construido sobre la admiración, el respeto, la lealtad y, ¿por qué no decirlo?, el amor al líder. En las manadas de los lobos, éste es el liderazgo prevalente. Para descubrirlo, es necesario primero describir cómo está constituida una manada de lobos.

Una manada de lobos es una familia cuya meta es seguir con vida. Protegen el territorio que pueden vigilar, tienen las crías que pueden alimentar y educar, y no es de su interés tratar de controlar el mundo. En una manada de lobos generalmente hay una pareja líder, se llaman los alfas. Ellos son los únicos que tienen cachorros. La manada entera dedica sus esfuerzos a alimentar y cuidar a los hijos de los alfas. Los cachorros son sobrinos, primos o hermanos de los lobos de la manada, así que cuidarlos significa resguardar a la familia. Por otra parte, entre los lobos hay dos jerarquías independientes: los machos y las hembras no compiten entre sí.

Para el macho alfa, las ventajas son claras: todos los miembros de la manada cooperan en la cacería, en la vigilancia del territorio y en la protección de los hijos del alfa. Para los otros machos, la manada es de todos, las presas son de todos, pero el padre de todos es el alfa. Las crías son la clave de la permanencia de la manada generación tras generación, y todas son del alfa.

Un lobo macho que no es el alfa solamente puede adquirir el derecho a procrear, formando una manada propia y para ello tiene que irse, buscar una hembra solitaria en un territorio nuevo y peligroso y enfrentar la incertidumbre de lo desconocido. La decisión parece difícil para los machos que no son el alfa, pero en la práctica no lo es. Si el macho alfa fuera un tirano agresivo, ahuyentaría a los otros machos y se quedaría solo. Nadie lo ayudaría a alimentar a sus crías. Fortalecer los vínculos positivos favorece al alfa, por lo que él es amable con todos y todos lo admiran.

Sucede lo mismo con los perros y sus dueños. Un Cocker Spaniel puede pasar tardes enteras echado en un almohadón a los pies del sillón en el que su ama se sienta a ver películas. Para el Cocker Spaniel, la compañía de su dueña es suficiente recompensa y una gran alegría después de las interminables mañanas de ausencia, cuando ella sale a trabajar. Su ama no requiere demostrar su poder, el Cocker la quiere incondicionalmente, no necesita ser maltratado para amar. Aunque el Cocker nunca tenga descendencia, no dejaría a su dueña. No necesita buscar nuevos horizontes, el amor del líder le basta. Un perro que sale de su casa y se pierde, aterrado deambula por las calles, tratando de encontrar el camino de regreso.

El líder es esencialmente sereno y amable. Imaginemos dos perros grandes, muy grandes; por ejemplo, dos grandes daneses. Cada uno está en el patio de sus respectivos hogares. A ambas casas llegan visitas. Uno de ellos, al percatarse de la presencia de extraños, brinca a la reja, ladra a los visitantes; tienen que atarlo a una argolla anclada en un muro porque se lanza furioso sobre las personas que han llegado. Una vez dentro de la casa, los invitados tardan un buen rato en sosegarse después del susto que pasaron. Cuando las visitas tocan el timbre de la segunda casa, el segundo perro levanta perezosamente la cabeza, observa a los asistentes un momento y se vuelve a recostar, cerrando los ojos de nuevo. Cuando los invitados pasan a pocos centímetros de él para entrar en la casa, apenas abre un ojo y se vuelve a dormir. La pregunta es: ¿cuál de los dos perros se siente más amenazado, tiene más miedo y la necesidad de amedrentar a los demás para defenderse?

Ahora imaginemos dos escenarios de oficina. En uno de ellos, a la menor provocación, el jefe se enoja, regaña, grita, ladra; todos le tienen miedo. En la segunda oficina, el jefe escucha calmadamente los problemas que le plantean, descarta los insignificantes, delega los intermedios, atiende los importantes, sin reproches ni maltratos. ¿Cuál de los dos jefes se siente más inseguro y se ve en la necesidad de reforzar su autoridad ladrando al equipo de trabajo?

En lugar de menoscabar a sus subordinados para mantenerlos a raya, el lobo alfa los guía para conseguir alimento, seguridad, bienestar y sobre todo, juega con ellos. El juego desahoga las tensiones del grupo, canaliza la agresividad, diluye los conflictos. En el juego hay un sentido del honor; no está permitido aprovechar el juego para lastimar. Es un ritual donde se miden fuerzas y también es una representación, una especie de teatro donde se actúa el papel del cazador o de la presa y se practican las destrezas indispensables para tener éxito en la cacería.

Además de la actividad lúdica entre los lobos, el coro de aullidos es de gran importancia para mantener la cohesión de la manada. El macho alfa lo inicia y lo termina, dura de uno a dos minutos. Se escucha a gran distancia, lo que permite a los integrantes que se han separado temporalmente de su familia, saber donde está la manada. A pesar de ser amigable, el coro de aullidos también advierte a los extraños que el territorio está ocupado, que deben mantenerse lejos por su seguridad y para evitar una confrontación que a nadie conviene. Una manada exitosa requiere establecer el equilibrio entre los intereses contradictorios de sus miembros. El juego y los coros de aullidos contribuyen a diluir esos conflictos.

Hay una situación especial en la que la jerarquía se desvanece y todos tienen la misma categoría: cuando un integrante del grupo está en peligro. Ningún miembro es soberbio, orgulloso o considera indigno reconocer que necesita apoyo. Cuando alguno en la familia es lastimado o se siente amenazado, lo expresa para que todos los demás lo escuchen y acudan a ayudarlo.

En resumen: entre los lobos, el macho alfa es querido y admirado por todos. No necesita agredir a los otros, los guía al alimento, dirige el coro de aullidos, promueve el juego y la diversión común. Tanto en la familia como en la empresa o en el salón de clases, el padre, jefe o profesor que realmente acepta el liderazgo, es amado y respetado. No necesita propinar ofensas.

Veamos qué pasa entre los seres humanos. Una madre de familia se lamenta de que sus hijos no la visitan. Sueña con que todos vayan a comer con ella cada domingo. Ve programas de cocina en la televisión y anota recetas de deliciosos bocadillos para preparar a sus hijos cuando estos vayan a verla. Por fin, todos sus hijos acceden y la visitan un domingo. Cuando están a punto de empezar a comer, la madre se queja de que ella tuvo que pasar toda la mañana cocinando y que ellos no se acomiden a ayudarla. Durante la comida, les reprocha su ausencia, los interroga, los critica, los reprende y los humilla. Cuando ya se van, aprovecha la despedida para echarles en cara por última vez lo mucho que se cansó cocinando y lo muy ingratos que ellos son. Alternativamente, la madre podría adoptar una actitud diferente. Les prepararía manjares, los trataría como reyes y después de la comida organizaría una partida de póker o scrabble con café o chocolate caliente y pastelillos con helado. Los hijos estarían tan contentos que no querrían irse, con gusto regresarán la semana siguiente y además se sentirán, aunque no lo digan, orgullosos y agradecidos de tener una madre maravillosa.

Un padre de familia que toda la semana trabaja mucho y casi no puede ver a sus hijos, en el fin de semana está de mal humor, enojado y regaña a los hijos. Seguramente no será tan apreciado como aquel que organiza actividades, juegos y diversiones con sus hijos y logra que todos pasen un fin de semana maravilloso.

Compartir actividades deportivas, artísticas, intelectuales, de observación de la naturaleza o lúdicas, ayuda a integrar a los miembros de un grupo humano. Los lobos también comparten los coros de aullidos, juegos y -por supuesto- la cacería, y es tarea del líder organizar, guiar y coordinar.

El lobo alfa no se agobia sintiendo que él es el centro del universo, que si él no lo contempla todo, el mundo se desmorona o que nadie le agradece suficientemente ni le reconoce ampliamente su valía. El alfa no tiene que hacer todo; al contrario, cada integrante de la manada tiene un papel específico. En forma condensada, puede decirse que el macho alfa inicia la cacería, el juego y el coro de aullidos, los demás lo siguen y cada uno cumple su parte.

II

En la manada no todos los lobos tienen la misma responsabilidad. El segundo lobo en la jerarquía de los machos es el beta y él es completamente distinto al alfa. El beta es el candidato más probable a quedarse con la manada en el caso de que el alfa falte y por eso somete y reprime a los demás lobos machos; no le conviene admitir competidores.

En cuanto a las hembras, su estructura jerárquica no puede ser igual a la de los machos porque ellas son las que quedan preñadas, dan a luz y amamantan a los cachorros. A la hembra alfa le conviene que todos los recursos y toda la ayuda de la manada se concentren en criar a sus cachorros. Para ella, las crías de otras hembras son una distracción de aquello que corresponde a las suyas propias. La mejor forma de evitar que otras hembras tengan hijos, es impedir que se apareen y para ello no hay más remedio que acudir a la agresión. De la misma forma que el macho beta, la hembra alfa reprime y somete a quienes ella percibe como competidoras. Sin embargo, la hembra alfa no puede llegar a la crueldad en el control de sus subordinadas. Ha habido casos en los que los súbditos de hembras alfa particularmente malvadas, aprovecharon un momento de debilidad o enfermedad de su soberana para, entre todas, matarla.

La mayor parte de los jóvenes y cachorros son hijos de la hembra alfa y tienen un vínculo afectivo muy fuerte con ella. Los jóvenes machos, además del afecto que sienten por sus padres, evitan irse de la manada, ya que su inexperiencia probablemente los lleve a un desenlace fatal, al tener que resolver problemas graves por sí solos.

Las personas olvidan lo importante que es la dignidad; la confunden con la soberbia, el orgullo o la arrogancia. Ser digno de un reconocimiento significa merecerlo. La dignidad consiste en recibir el respeto merecido. En un grupo en el que todos se respetan, todos viven con dignidad. Cuando un integrante humilla a otro, se rompe la cadena de respeto. Ante una agresión, ¿cómo conserva el agraviado la dignidad? Manteniendo la serenidad y no rebajándose al nivel de insolencia del agresor.

En ocasiones, y a pesar de toda la actitud positiva y amable del líder, algo puede salir mal y se puede terminar en una situación incómoda o hasta peligrosa.

En un salón de clase, un estudiante se burla en voz alta del profesor. El profesor no puede pasar por alto el comentario, porque parecería intimidado o transmitiría el mensaje de que pueden insultarlo sin consecuencias. Tampoco puede gritar, agredir o maltratar al estudiante porque él, el agraviado, tendría que disculparse por convertirse en el agresor. Lo que puede hacer es caminar calmadamente hacia el estudiante, mirarlo a los ojos y muy amablemente pedirle que después de la clase se reúnan en una oficina o despacho para hablar con él delante de algún testigo preestablecido, otro profesor, un coordinador, prefecto o secretaria. El mensaje que transmite es que no se puede faltar al respeto al profesor impunemente, pero no hay una venganza o un acto de violencia. Conservar la dignidad consiste en mantener la serenidad. La sanción por una agresión dentro de un grupo puede ser, desde invitar a una reflexión en los hechos, hasta la expulsión permanente del agresor.

Si bien una víctima de la violencia no puede ser considerada responsable de la agresión que sufre, es conveniente reflexionar en cuáles fueron las causas de la agresión. En ocasiones las personas permiten, propician, gratifican, recompensan o minimizan pequeñas agresiones y prefieren negar la posibilidad de que puedan crecer en intensidad. También hay que tener en cuenta que el respeto debe ser mutuo y quien hace bromas tendrá que aguantar las bromas que le hagan. Finalmente, hay que recordar que un verdadero líder puede distinguir las actitudes de los demás integrantes de su grupo y discernir cuáles actos son insignificantes y es mejor olvidarlos, cuáles son indicio de un problema futuro y cuáles ya son un problema presente cuya solución no se puede postergar.

III

Los mejores líderes son los más perceptivos. Distinguen con claridad la diferencia en actitud de conductas que externamente pueden ser similares. Saben si el subordinado está invitando a jugar o si está probando al líder; si se trata de un desafío para medir fuerzas o si lo están retando a un enfrentamiento directo. Una vez comprendido el significado del acto, lo siguiente es responder a él con una acción proporcional al hecho.

En ocasiones, un lobo subordinado quiere medir la oportunidad de ascender en la jerarquía de la manada. Su primer paso es probar la respuesta del alfa o del beta a una agresión juguetona y moderada. Si nada pasa, puede ir incrementando el nivel de desafío hasta convertirlo en una confrontación abierta. En el momento en el que su superior se harta y responde agresivamente, el subordinado finge que es un cachorro desvalido o invita a jugar al lobo agraviado.

Entre los humanos es común medir el estatus jerárquico con bromas que pueden ir aumentando de pesadez hasta convertirse en *bullying*. Así considerado, el *bullying* es una manifestación de inseguridad para adquirir y conservar el control sobre algún individuo de un grupo.

Por ejemplo, un profesor llega a un grupo nuevo. El primer día un estudiante le hace muchas preguntas y participa interesado en la clase; al segundo día ese mismo estudiante coloca su mesa-banco en el pasillo de acceso dentro del salón. ¿Qué quiere decir este hecho? ¿Está indicando que él está a cargo de quien puede pasar o no? ¿Teme a los otros estudiantes y por eso se coloca separado de ellos? ¿Quiere ser el centro de atención de todos? ¿Es una invitación a un juego? ¿Quiere medir la reacción del profesor y lo somete a prueba? Esas y otras explicaciones son posibles y no excluyentes entre sí. Un profesor inseguro inmediatamente lo pone en su sitio. Un líder seguro primero tratará de saber qué sucede para responder de la forma más adecuada. La persona insegura entra en pánico y ataca defensivamente; la segura conserva la calma, observa y reflexiona para tomar la mejor decisión.

En un salón de clases de matemáticas dos estudiantes sistemáticamente boicotean el trabajo de clase con comentarios moderadamente agresivos, chistes inadecuados o incitando a los otros estudiantes a platicar o a no asistir a clase. Un día uno de ellos se instala en el escritorio del profesor y una vez allí, se pone a trabajar, hace todos los ejercicios correctamente, pero únicamente mientras está allí sentado. A los pocos días, el otro estudiante, por decisión propia, pasa al pizarrón y allí hace todos los ejercicios. Los dos se convierten en los estudiantes estrella del salón, trabajan mucho, apoyan a los otros alumnos y reconocen el liderazgo del profesor, le consultan sus dudas, atienden todas las instrucciones, pero solamente si están uno sentado frente al escritorio y el otro de pie frente al pizarrón. Es probable que lo que hacen sea adoptar el rol del lobo beta de la manada en el salón de clases. Reconocen al alfa, pero con la condición de que todos acepten que ellos son los beta. La disyuntiva para el profesor consiste en tenerlos como colaboradores en los términos que ellos plantean o como contrincantes.

En otra clase, hay una estudiante encantadora, inteligente, simpática y excelente alumna que acostumbra revelar la respuesta a todo ejercicio, reto o propuesta de trabajo sin dar oportunidad a los demás de intentar resolver. Tiene la necesidad de "contar el final de la película" y arruinarles a todos el proceso de construir su propia solución. Para cualquier profesor en cualquier clase, ella es la estudiante modelo, participativa, que se adelanta a todos en su entusiasmo. Sin embargo, hay algo protagónico y narcisista en su deseo de ser la primera, de llamar la atención a toda costa y de tener el control de la dinámica de la clase. Tal vez, una estudiante como tal, busca y consigue el liderazgo de la clase de una manera inteligente y hábil. Ella terminará por tener el control de la clase y desplazar al profesor.

IV

Un alfa seguro es amable y recibe admiración; son los subordinados inseguros de su posición los que prueban y retan para saber dónde están y se sienten obligados a conservar su lugar mediante agresiones defensivas. Los lobos evitan los enfrentamientos abiertamente violentos porque probablemente estos terminen en la muerte de uno de los participantes de la reyerta y con graves heridas para el otro. Aun cuando un lobo "gane", en el sentido de que sigue con vida mientras que su contrincante pereció, seguramente habrá sufrido heridas que se infectarán, lo debilitarán y lo harán menos apto para la cacería. Es común que los lobos rechacen violentamente a los intrusos en su territorio, pero la violencia se evita a toda costa dentro del grupo.

En los hogares humanos, en ocasiones no está claro quién es el líder. Un perrito Fox Terrier acepta que el dueño de su casa es el líder alfa, amable y comprensivo. Naturalmente, el perrito sabe que él es el beta, a quien le toca poner orden en la casa y advertir a todos que el sillón es suyo, que nadie puede acercarse a su traste de comida, que él decide cuando se debe abrir la puerta para que él salga al jardín. De vez en cuando hace algunas pruebas para constatar si el alfa sigue en el poder o si ha llegado el momento de sustituirlo, y lo reta un poco. Un día su familia humana se reúne y planean un complot para derrocar al perrito. Compran un collar de castigo y lo sacan a pasear, ahorcándolo un poco para que el perrito se entere de quién manda. Cuando el perrito gruñe, el papá de la casa lo pone patas arriba y lo detiene del cuello para que el perrito entienda que es un subordinado sin poder alguno en esa familia.

¿Qué sucedería si en lugar de un Fox Terrier de 12 kg, se tratara de un Mastín inglés de 60 kg o de un Lobero irlandés de 70 kg? ¿Y si en lugar de un perrito, fuera un león, un tigre, un elefante en un circo o una ballena orca en un acuario, o si una persona tuviera un lobo adulto como mascota?

La idea de someter a un animal más fuerte y poderoso para demostrarle quién tiene el control, ha sido la causa de maltratos, torturas y castigos espeluznantes contra los animales en los circos. La historia de la maldad contra los elefantes en circos y zoológicos se encuentra inscrita en los anales de las peores infamias que han cometido los seres humanos. La justificación del verdugo es que si no se puede someter a un elefante como a un perrito de 12 kg, lo más parecido es causarle dolor, mucho dolor y sufrimiento.

Si a los entrenadores de orcas en los acuarios les sugirieran que para demostrar su liderazgo sobre las ballenas deben hacer alarde de la fuerza física, no habría espectáculos de cetáceos.

Quienes trabajan con leones marinos, ballenas o delfines, conviven con tigres o leones o comparten sus vidas con lobos adultos, saben que el único liderazgo sensato consiste en hacer patente que el alfa del grupo es fuente de todo lo bueno. Al alfa se le quiere y respeta porque de él proviene el alimento, la diversión y la mejor compañía.

Sin embargo, a pesar de toda la amabilidad del alfa, las situaciones pueden tornarse incómodas y hasta peligrosas. La primera regla para evitar situaciones peligrosas es mantenerse alejado de ellas. Ningún entrenador de felinos en un circo va de viaje a la sabana de África para pasear caminando entre leones salvajes. La sensatez y la prudencia deben prevalecer. No hay que ir a fiestas de narcotraficantes, ni hacer amistad con sicarios; hay que evitar a las personas belicosas que siempre terminan en riñas; no hay que nadar entre tiburones, ni creer que los osos polares son animalitos de peluche.

La segunda regla para la seguridad es que, mientras mayor sea el desequilibrio de fuerzas, hay que ser más sensato. Por ejemplo, una ballena orca en un acuario es un animal muy poderoso; puede ser amigable y estar muy bien entrenada, pero es mejor entrar a nadar con ella acompañado de otra persona. Si algo sale mal, al menos uno de los dos puede correr a pedir auxilio. Otra forma de compensar el desequilibrio de fuerzas es traer siempre consigo un distractor. Si un lobo adulto quiere jugar pesado, se le lanza lejos un juguete para establecer una distancia con él. Entre los seres humanos, cambiar de tema en la conversación funciona siempre como distractor. Hay personas muy hábiles para hablar de otro tema cuando la conversación se torna incómoda. Ni en el trato con los animales ni con las personas, hay que subestimar los problemas potenciales que se puedan presentar.

Un adolescente, domador de felinos, quiere estudiar medicina veterinaria en una universidad abierta y a distancia. Reúne todos los documentos que le solicitan para el ingreso y los guarda en una mochila de cuero negro. Como sabe que por celos, envidia, paternalismo o posesividad, sus compañeros del circo y su jefe le boicotearán sus estudios universitarios, decide mantener en secreto sus aspiraciones profesionales. Esconde la mochila con documentos detrás de la jaula de su leopardo favorito. Una madrugada se dirige, como todos los días, a hacer el aseo de las jaulas y encuentra al leopardo masticando la mochila con los documentos. El primer impulso del jovencito es arrebatar de inmediato la mochila al felino antes de que destruya todo. Sin embargo, a pesar de su juventud y después de años de experiencia con grandes gatos, el joven sabe que debe conservar la calma y actuar con prudencia. Si el leopardo percibe que él está agitado, puede ponerse a la defensiva y la situación podría tornarse muy peligrosa. Los movimientos bruscos e impacientes, los gritos, jalones y empujones serían contraproducentes. El domador se dirige al refrigerador de carnes, busca un costillar de res, grande y carnoso, y lo coloca junto a la puerta de la jaula. El leopardo, al oler la carne, pierde el interés en la mochila y deja de masticarla. El joven abre la puerta de la jaula, arroja el costillar hacia el extremo de la jaula opuesto a donde se encuentra la mochila. Sin precipitarse, mientras el leopardo se echa cerca de la carne, el joven camina hasta la mochila, con cierta dificultad consigue pasarla a través de los barrotes, lo que seguramente el leopardo logró fácilmente, y arroja la mochila lo más lejos posible. Al escuchar el ruido de la mochila al caer, el gran gato deja de comer, levanta la mirada y observa la mochila en el suelo, fuera de la jaula; sin embargo, para él la carne sigue siendo más interesante. El joven camina con calma hacia la puerta de la jaula, sale, cierra, verifica que todo esté en orden, guarda la mochila en un lugar seguro y reanuda sus labores matutinas con un retraso de solo diez minutos. La clave de su éxito fue el intercambio. El domador sabe que no puede entrar al territorio de un leopardo a gritarle y tratar de arrebatar algo que el felino percibe como propio. Lo mismo se aplica a un empleado que entrará en la oficina de su jefe a pedirle un aumento de sueldo, a un padre de familia que cancelará el viaje de vacaciones de su familia, a un jefe que da la noticia a un empleado que su promoción no fue aprobada, a la esposa que invitó a cenar a sus padres la noche en la que hay un partido de futbol muy importante para su marido. No se puede arrebatar algo valioso, ni a una persona ni a un leopardo, sin ofrecerle algo mejor a cambio. Para saber qué puede ser mejor, es preciso conocer muy bien al interlocutor. En ocasiones el jefe pide a sus subalternos que sacrifiquen un día de descanso porque hay un trabajo urgente que realizar y cree que basta con una plática motivacional para que queden contentos. Si el jefe quiere conservar la imagen de que el líder es fuente de todo lo bueno, deberá sacrificar algo para ofrecer un incentivo atractivo a sus empleados. Todo tiene su costo y el liderazgo no es gratuito.

V

En la cría de animales, el ser humano se ha concedido caprichos que han planteado preguntas acerca del papel de la madre en la herencia de los hijos. Desde fines del siglo XVIII, en las casas de las fieras, en los circos y en los zoológicos, se ha permitido que dos especies que seguramente no se habrían encontrado en estado salvaje, se crucen y tengan descendencia. Por ejemplo, desde hace más de doscientos años, leones y tigres se han reproducido, pero solo en cautividad. A veces una leona ha tenido crías de un tigre; en otras ocasiones ha sido una tigresa la madre de una camada cuyo padre era un león. En todos los casos, las crías tenían características de los dos padres: el color pardo amarillento del león con rayas oscuras del tigre; después de todo, cada cachorro era mitad de una especie, mitad de la otra. Sin importar si el padre era león y la madre tigresa o si el padre era tigre y la madre leona, cada cachorro tenía exactamente la mitad de la información genética del león y la mitad del tigre; y sin embargo, la madre es clave para determinar el aspecto de los hijos.

Cuando se cruza un tigre macho con una leona, se produce un tigón; tiene la mitad de la información genética del león, la mitad del tigre y cuando llegue al estado adulto será del tamaño de una tigresa. En el caso del ligre, hijo de león y tigresa, también es mitad león y mitad tigre, pero cuando llegue al estado adulto, será un animal gigantesco, el felino más grande, de mayor talla que cualquier león o cualquier tigre. Los cachorros tienen las mismas proporciones de información genética: mitad león, mitad tigre, pero si la madre es una leona, el cachorro crecerá al tamaño de una tigresa; en cambio, si la madre es una tigresa, será un felino enorme.

Justo después de la fecundación, dentro del óvulo se encuentran dos núcleos, el de la madre y el del espermatozoide del padre. Las enzimas que están en el óvulo y que provienen de la información genética de la madre, se encargan de ensamblar el nuevo núcleo que codificará al ser único e irrepetible que se gestará.

Si bien ambos padres contribuyen por partes iguales a proporcionar la información genética del hijo, todo el proceso se lleva a cabo en el medio materno del óvulo. Es la madre quien proporciona el caldo que dará sabor al guiso. Por ejemplo, en el óvulo de una loba se encuentran enzimas que son más compatibles con la expresión de los genes de un lobo que con la gestación de un perro.

En el óvulo, tanto el núcleo como el
citoplasma provienen de la madre.

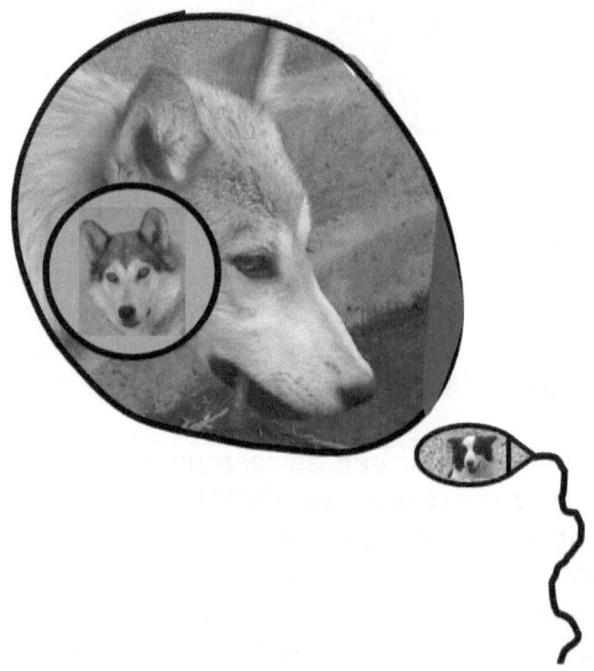

El núcleo del óvulo y el núcleo de espermatozoide completarán
la información para codificar al nuevo individuo.

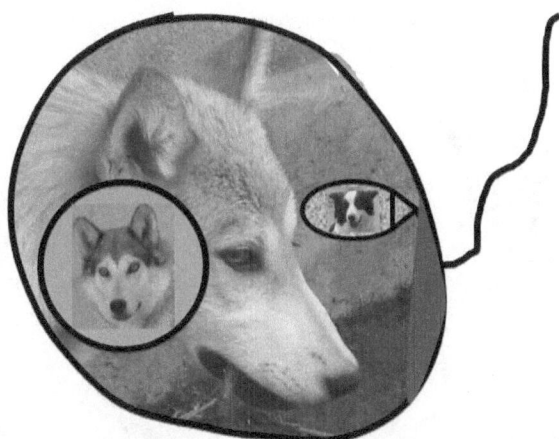

En la fecundación, un segundo núcleo, el que
proviene del espermatozoide, entra al óvulo.

Después de la fecundación, hay dos núcleos, el del
óvulo y el del espermatozoide. Ambos se encuentran
en el citoplasma proveniente de la madre.

Los dos núcleos, el del óvulo y el del espermatozoide, se unen para formar el núcleo del nuevo individuo. Todos los procesos de formación del nuevo núcleo se realizan en el citoplasma de la madre con la maquinaria sintética proveniente de ella. En el ambiente celular materno se realizan los procesos que tienen mayor afinidad con la maquinaria molecular del óvulo de la madre.

No solamente la madre proporciona el caldo celular en el que se cocina en nuevo núcleo, sino que la madre también es responsable de proporcionar el hogar en el que los hijos crecerán: desde el ambiente del óvulo en el que los genes se expresarán, como en el caso del perro-lobo, el tigón o el ligre hasta el ambiente ecológico donde los cachorros adquieren estrategias y aprenden habilidades para sobrevivir.

En otras circunstancias, la conducta de la madre determinará el ambiente en el cual se desarrollarán los cachorros, sus parejas y la identidad de su descendencia. Si un lobo macho, solitario, vagabundo, se cruza con la perra de un pastor, las crías crecerán en un ambiente humano, se habituarán al hombre y a los perros. Cuando sean adultos se cruzarán con perros y la herencia del lobo se diluirá hasta desaparecer. Si una loba se cruza con un perro, llevará sus crías consigo a vivir salvajes, a buscar otros lobos. Los cachorros aprenderán a evitar a los humanos y sus perros. Algún día formarán una manada y, con el paso del tiempo, el rastro del perro en sus genes se desvanecerá.

En una familia humana, si la madre es cristiana seguramente llevará a sus hijos al templo, los expondrá a la compañía de otros cristianos y limitará el espectro de parejas potenciales para procrear. Lo mismo sucederá si la madre es judía, musulmana, comunista, hippie o artista. Sus ideas moldearán las posibilidades genéticas de sus nietos. Ocurre lo mismo cuando la mitad de la información genética de un cachorro es de lobo y la mitad de perro: el hijo de la loba, lobo será.

VI

Los lobos tienen los hijos que pueden alimentar, cuidar y educar y controlan el territorio que pueden vigilar y defender. En cambio, nosotros nos esforzamos por ir más allá de lo humanamente posible. Queremos abarcar tanto, que descuidamos todo. Vivimos con estrés, incapaces de atender todo aquello con lo que nos hemos comprometido. Estamos agobiados por nuestras posesiones y obligaciones y queremos más.

Del lobo aprendemos la moderación. No se trata de una sabiduría mística, sino de un sentido práctico de la realidad. Si no puedes cuidar tu territorio, otros, que sí lo pueden atender, llegarán a ocuparlo y no podrás defenderlo. En el ser humano hay cierta soberbia pues creemos que si nos esforzamos, los días tendrán más horas, la energía se multiplicará dentro de nosotros y nuestro cerebro podrá resolver más problemas sin saturación ni fatiga. La mente del lobo es simple: la extensión de mi territorio depende de mi capacidad para patrullarlo. El ser humano piensa: mis capacidades son ilimitadas, puedo hacerlo todo.

Normalmente los estudios de nivel medio superior (preparatoria) duran tres años. Cada asignatura se cursa en un semestre. Sin embargo, es frecuente que un adolescente piense: "Si me inscribo en una preparatoria abierta, en lugar de tardar tres años, terminaré la preparatoria en 9 meses". Y así, en cinco horas quiere aprender lo que tendría que haber estudiado en seis meses. Es posible que un estudiante termine su preparatoria en nueve meses, pero probablemente no aprenda gran cosa. Para él, la preparatoria ya no es una experiencia de aprendizaje sino un trámite. Nada en la vida de un lobo se hace por trámite. Todo tiene un propósito. Siempre hay una decisión que tomar, un riesgo que calcular y un beneficio que obtener.

Los bisontes, los alces, los caribúes, los jabalíes y los bueyes almizcleros son animales colosales, de gran tamaño y con cuernos poderosos y puntiagudos. Son veloces y no se tientan el corazón para embestir y destrozar a un lobo. Para conseguir alimento, la manada de lobos debe elegir la presa adecuada y organizarse para que los esfuerzos no sean contradictorios ni se dispersen. Elegir la presa sigue un criterio muy sencillo: la mejor presa es la más fácil de cazar.

Para la mente humana, mientras mayor el reto, más grande la recompensa y mayor es la gloria de tener éxito. La estrategia del lobo no es así. El bisonte o el jabalí más grande, más sano y más veloz representa dos grandes riesgos: es más probable que después de un gasto muy grande de energía persiguiéndolo y acosándolo, se escape. También es probable que si se ve acorralado, se defienda. El primer riesgo tiene una consecuencia: en lugar de conseguir alimento y tener más energía, el fracaso en la cacería representa terminar con menos energía, estar más débil y disminuir la probabilidad de éxito la siguiente vez. El segundo riesgo, que un alce o un bisonte sanos y fuertes se defiendan, significa que algún lobo puede quedar herido. Las heridas se infectan, debilitan al lobo lastimado y disminuyen su capacidad para cazar, huir o defenderse. En otras palabras, para el lobo, ir por el mayor trofeo de caza no es la mejor idea tratándose de supervivencia. El lobo no necesita alimentar su ego sintiendo que mató al más grande, necesita alimentar su estómago y los de sus hijos.

Por otra parte, al lobo, a largo plazo le conviene matar a los enfermos y a los débiles. En ausencia de depredadores, los rebaños de herbívoros crecen sin límites. Llega el invierno, algunos mueren de hambre, todos padecen y como nadie mató a los enfermos, el contagio se difunde en los rebaños. Cuando los depredadores matan a los enfermos y a los débiles y controlan el número de herbívoros, los rebaños de las presas son más saludables.

Al igual que los lobos seleccionando sus presas, los grandes hombres de negocios también son cautelosos. No invierten alocadamente en proyectos de alto riesgo. Estudian los rebaños de inversiones cuidadosamente y buscan la presa que parezca más prometedora con menos riesgo. El inversionista inexperto comete alguno de los dos errores que el lobo evita.

En la planicie norteamericana, una manada de caballos Mustang salvajes escucha atenta los indicios de un peligro que amenaza. Los caballos mueven nerviosos sus orejas, tratando de localizar a los depredadores que los acechan. No se han equivocado y echan a correr a galope mientras una manada de lobos los persigue. Para los lobos, los caballos son individuos claramente diferenciados. Si en lugar de ir en pos de un rocín viejo y un poco renco, los lobos se lanzaran en la persecución del garañón más brioso, sano, fuerte y veloz, tal vez nunca lo alcanzarían. Si lo llegan a rodear, al menos alguno de los lobos recibirá una poderosa coz en el torso. Los cascos del caballo hundirán alguna costilla en los pulmones y el lobo herido estará condenado a morir lenta y dolorosamente.

Pasa lo mismo a los inversionistas. A un joven inversionista le ofrecen un departamento de lujo en una zona de rápido crecimiento, con casa club, gimnasios, albercas, gran plusvalía y enormes facilidades de crédito. El inmueble tiene un valor comercial de dos millones de pesos y es como el más espléndido garañón entre los caballos Mustang. Con un crédito a 15 años y mensualidades de $21,000, el comprador termina pagando casi cuatro millones por la propiedad. Como el mercado de bienes raíces está deprimido, si el inversionista quisiera vender, le pagarían menos que por un departamento nuevo de dos millones. El sacrificio de $21,000 mensuales, el escaso valor de rescate y los increíbles intereses terminan hundiendo las costillas del comprador y aplastando sus pulmones. Ya no puede respirar; siente que se asfixia con tantas deudas. No incrementó su patrimonio, sino su deuda. Ir en pos del garañón Mustang más espectacular no fue para él la mejor inversión.

Una familia de venados ramonea en el bosque. Las crías son pequeñas, de color rojizo con motas blancas en la espalda. El padre es un majestuoso príncipe del bosque. Cuando se percatan de la presencia de los lobos, los cervatos se echan entre las hojas del bosque y se esconden inmóviles. Su color mimético y su carencia de olor impedirán que los lobos los detecten. Todos los demás ciervos escapan a gran velocidad. El macho príncipe del rebaño salta tan alto y con tanta velocidad que apenas se nota que toca el suelo y pareciera que vuela. Si los lobos se lanzaran en pos de él, terminarían agotados y nunca lo alcanzarían. Sucede así a quienes son engañados con falsas promesas y les hacen creer que invirtiendo en acciones de capitales golondrinos en la bolsa de valores, alcanzarán al príncipe de los venados. Agotarán su dinero y verán pasar volando sus sueños sin poderlos alcanzar.

VII

Todas las noches, a las 7:30, una dama cierra sistemática y cuidadosamente todas las puertas exteriores de su casa. A las 8:00 enciende el televisor para ver a algún irlandés de nombre Colin, tal vez O'Donoghue o tal vez Morgan o Farrell. Cuando la narración está acercándose al clímax, le parece escuchar un ruido en el patio detrás de la cocina. La trama de la historia avanza, la televidente no hace caso al ruido y prefiere concentrarse en el programa que está viendo. Súbitamente, un ruido estruendoso se oye en el patio, junto a la puerta de vidrio de la cocina, y ya no es posible ignorarlo. Desde su sillón frente al televisor, la dama alcanza a ver toda la puerta de vidrio. El foco exterior del patio ilumina con claridad y ella puede ver detrás de la puerta a un animal muy peludo y grande parado sobre sus patas traseras, viendo fijamente hacia dentro de la casa. La estancia donde la dama está sentada, permanece sumida en la oscuridad y solamente resplandece el rostro de un actor irlandés de nombre Colin. Es evidente que la luminosidad de la pantalla de plasma ha llamado la atención del animal en el patio, que observa atentamente la rápida sucesión de imágenes en la pantalla. La dama, inmóvil, desde su sillón mira en el patio el contorno a contraluz de la criatura. Dos fuerzas luchan en su interior ante este encuentro con algo cuya identidad desconoce: el miedo y la curiosidad. Este conflicto no es exclusivo de una persona sentada en un sillón mientras un animal peludo y grande, de pie sobre sus patas traseras, admira a Colin en una pantalla.

También los pueblos de diversas culturas se enfrentan a situaciones novedosas y colectivamente sienten a la vez miedo y curiosidad. En algunas culturas todo lo novedoso amenaza la continuidad de las tradiciones, el miedo ante lo nuevo prevalece y es mejor refugiarse en lo conocido y conservarlo. En otras culturas la curiosidad predomina y las personas se acercan y experimentan las nuevas situaciones que se presentan, tienen menor apego a la tradición, fácilmente se liberan de ella y escudriñan curiosos lo desconocido.

Una persona temerosa se envuelve en su cobija, apaga su televisor con el control remoto. Su casa se sumerge en la oscuridad y llama al 911 con su celular para pedir auxilio. Una persona curiosa deja sigilosamente el sillón y moviéndose lenta y cautelosamente por la parte más oscura de la casa, se acerca a la puerta de la cocina para ver lo más cerca posible a la criatura y saber de qué se trata.

En una montañosa y aislada región boscosa en Europa, vivía una pareja de lobos con dos de sus hijos. Los demás hijos habían muerto o se habían ido, pero dos jóvenes lobos, un macho y una hembra, permanecieron en el territorio paterno. El lobito era aceptado por sus padres, se sentía a sus anchas en la manada y pasaba gran parte del día jugando, a veces con su madre, pero especialmente con su hermana. Los dos jóvenes eran inseparables. Para la lobita, la vida no era tan fácil porque tenía que someterse constantemente al control de su madre. Una noche la lobita, siguiendo el rastro de un conejo, se fue alejando de su familia. Cautelosa y curiosa, se adentraba cada vez más en territorios desconocidos. En su interior se enfrentaban el deseo de regresar con su familia contra la necesidad de buscar una pareja y fundar su propia manada; la balanza se inclinaba hacia a lo nuevo y con creciente interés exploraba los nuevos olores que encontraba. Finalmente se cansó, buscó un lugar escondido entre los arbustos junto a unos troncos caídos y se acurrucó a dormir. De pronto, un lamento desgarró el silencio nocturno. Un aullido triste y doloroso le hizo levantar la cabeza y escuchar atenta. El aullido resonó de nuevo, y con un brinco, la lobita comenzó un veloz galope hacia el emisor del aullido. Era su hermano que la buscaba inútilmente y la llamaba con desesperación. En un instante, el llamado del hermano disipó todos los conflictos de la lobita. Para ella era difícil emprender la aventura del futuro porque el pasado es seductor y, además de la protección que brinda, nos cobija con recuerdos y apegos. Sin embargo, la historia de la lobita no se ha definido.

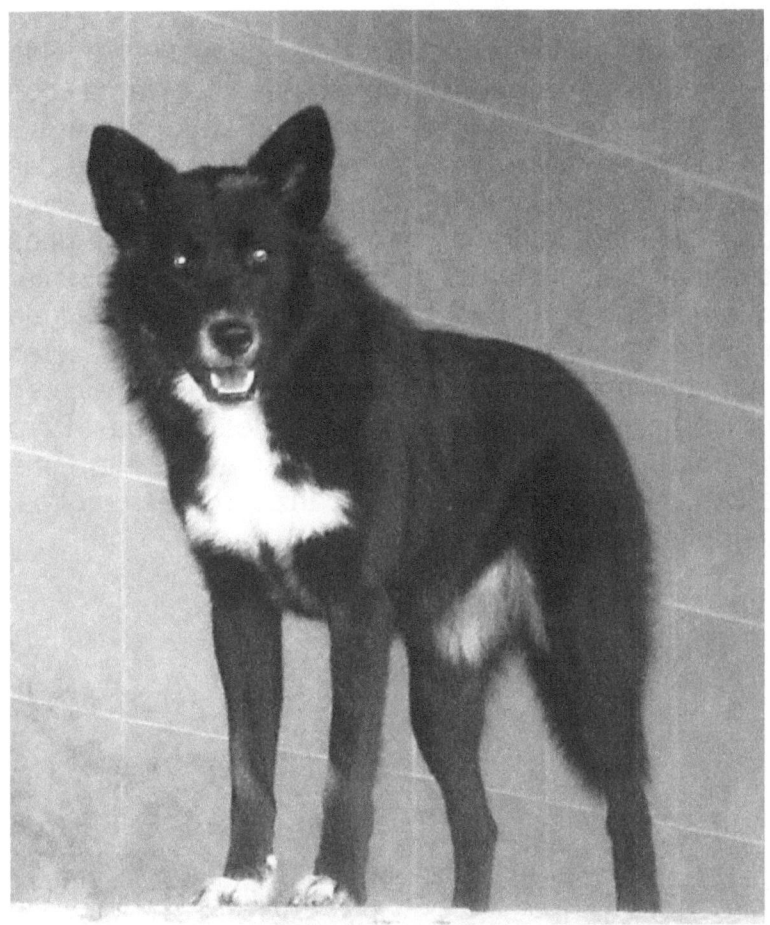

La lobita comienza a caminar hacia el territorio de sus padres, obedeciendo al llamado de su hermano. A su regreso, su madre la ataca porque cada vez más la percibe como una intrusa. Solo hay una decisión posible para la joven: la salida. Cuando la madre se tranquiliza, la deja en paz y se prepara para dormir, la lobita reanuda su partida. Ahora no lo hace con certeza. Avanza un poco, regresa, ve a su hermano, ve a su madre y se vuelve a alejar. Irse o quedarse, la decisión es crítica. De ella depende su supervivencia y la probabilidad de dejar descendencia. Su vida es como un árbol de decisiones. La rama que elija en este momento, cortará de tajo todas las posibilidades de las otras ramas. Algunas de las ramificaciones pueden terminar bruscamente en una muerte temprana, otras pueden llegar a unos cuantos descendientes y alguna puede representar que ella sea la fundadora de un linaje con cientos de descendientes en el próximo siglo. Todos los seres humanos provenimos de una sola familia que vivió en África hace un par de cientos de miles de años. Para la lobita, todo depende de la decisión que ella tome ahora. No sabe qué hacer. Avanza, regresa, voltea, se detiene. Todo es incierto.

La principal causa para que una manada se separe o algunos integrantes se dispersen es la falta de alimento. Cuando no hay suficientes presas o el éxito en las cacerías es escaso, algunos individuos se marchan a buscar mejor suerte en otros ambientes.

Los lobos que dejan la manada, en su vagabundear por el mundo tienden a ser amigables con lobos solitarios que encuentran a su paso, a diferencia de los lobos de la manada, que son muy agresivos con los extraños. Para un lobo que se va, los encuentros con nuevos lobos representan la oportunidad de comenzar nuevos vínculos; para un lobo en una manada, los extraños son vistos como invasores, competidores o usurpadores de recursos.

Sucede lo mismo con los seres humanos. Aquellos que pertenecen a un grupo se sienten amenazados por otros, y con frecuencia los agreden verbal y hasta físicamente. Los partidarios de un equipo de futbol en ocasiones terminan enfrascados en batallas campales con los hinchas de otro equipo. Los simpatizantes con los partidos políticos conservadores rechazan a los de izquierda, los Testigos de Jehová critican a los católicos, los católicos temen a los musulmanes y estos repudian a los judíos.Mientras mayor es el sentido de pertenencia, mayor es el rechazo hacia los extraños. Al igual que entre los lobos, las personas que no se sienten identificadas con algún grupo, tienden a ser amigables con otros que no son fanáticos de alguna causa. Mientras mayor es la pasión por el grupo, más miedo se tiene a aquello nuevo que pueda debilitarlo. Mientras menos amenazado se siente un individuo, mayor es su curiosidad hacia lo novedoso.

Como en todas las situaciones en la vida, no hay una actitud correcta frente a lo desconocido.

Las personas y las culturas muy conservadoras se sienten amenazadas por lo novedoso y con frecuencia, para defenderse, lo destruyen. Los liberales se exponen a peligros, nuevas enfermedades, adicciones a drogas o a la pérdida de valores y desintegración social. El individuo se enfrenta ante un dilema práctico que los humanos convertimos de índole moral. Por ejemplo, una joven universitaria tiene una compañera de cursos muy guapa, inteligente, interesante, divertida y lesbiana. En su interior se despierta un conflicto, ¿debe hacer algo?, ¿debería aceptar curiosa una experiencia nueva para descubrir qué se siente?, ¿debe excluir a la joven lesbiana de su vida y denunciarla por acoso?, ¿debe actuar como si nada pasara y tratarla como a cualquier otra persona?

Además de los aullidos de un hermano, existen otros mecanismos con los que el grupo social impide que un individuo tome libremente sus decisiones. Una niña de cuatro años observa detenidamente una hoja de papel en la que dará color a dos jirafas. Ve las docenas de crayolas en una caja, con diferentes matices de colores pastel, y mira el dibujo de las jirafas. Toma un color, ve la hoja y deja el crayón para tomar otro. Finalmente decide pintar las jirafas de color azul. Todas las personas que ven el dibujo la felicitan por él, pero invariablemente prosiguen con un comentario de que las jirafas no son de ese color y la niña debería pintarlas como realmente son. Después de una década de críticas, la joven pinta jirafas, antílopes, rinocerontes y gacelas con los colores tan correctos, que de tan reales se esperaría en cualquier momento que los animales se pusieran en movimiento. Para solicitar una beca con el fin de estudiar en el extranjero, la joven envía un portafolio de sus pinturas junto con otros documentos. Una pintura de un impala despierta gran interés y recibe este comentario: "La técnica de la obra es impecable. No obstante, la pintora podría ser una cámara fotográfica que retrata la realidad fielmente sin cuestionarla. No hay originalidad ni una visión revolucionaria, no es un coloquio que cuestione o una expresión de rebeldía. Es una imagen correcta y conformista de un noble animal. Ni siquiera los colores son novedosos o vibrantes." La crítica es una forma de someter a otros y coartar su libertad.

VIII

Un joven estudiante muy inteligente, inquisitivo y con gran talento analítico, es muy tímido. Para él, el universo de Internet le ofrece espacios en los cuales puede desarrollarse académicamente sin necesidad de interactuar con otras personas. En lugar de enfrentar su miedo a hablar en público, busca la forma de alcanzar sus metas sin relacionarse directamente con otros. Sus inquietudes académicas le llevan a tomar un curso en línea de Circuitos Eléctricos. A pesar de todos sus esfuerzos, hay alguna ecuación diferencial que le cuesta trabajo resolver. Se dirige al salón de ecuaciones diferenciales para preguntar al profesor su duda. El estudiante se asoma por la puerta y ve que el profesor está ocupado explicando algo a otro alumno. Al ver esto, aprovecha la situación como pretexto para no tener que interactuar con el profesor y se retira del salón sin preguntar.

Hay casos en los que el miedo a situaciones específicas o a ciertos individuos afecta gravemente la capacidad futura de relacionarse con otras personas. Por ejemplo, un niño es muy sensible, retraído y algo afeminado; le gusta tocar el piano, leer, pintar y no le gustan los deportes. Su padrastro juega futbol, es rudo, carece de sutileza, es agresivo cuando corrige al niño. El chico le tiene miedo. Vive con el padrastro, viaja con él en su automóvil y se encuentra atrapado en una sensación perpetua de malestar; el padrastro es una sombra que lo acompaña y amedrenta. El niño y el padrastro tienen ocasionales enfrentamientos verbales; la tensión entre ellos es patente y los adultos a su alrededor adoptan diferentes actitudes ante la situación. Algunos adultos regañan al niño por sus respuestas al padrastro; con ello refuerzan el enojo del menor. Para el niño, el padrastro es culpable de ser desagradable, y cuando lo regañan, se añade otra razón para detestarlo: por su culpa otras personas también lo molestan. En cambio, otros adultos compensan al pequeño después de las situaciones ásperas. Lo apapachan, le dan galletas, le dicen que lo comprenden, que él tiene razón y que el padrastro es nefasto. Estos adultos premian el antagonismo del niño contra el padrastro y con ello fortalecen el conflicto. También es posible que el niño encuentre mecanismos para alejar a su padrastro; por ejemplo, tocar el piano muy fuerte o hacer comentarios inquietantes. Si se permite que el niño tenga éxito, aprenderá que tiene el poder de agredir para ahuyentar y ese aprendizaje marcara sus relaciones durante toda la vida. El infante tiene miedo a su padrastro y no hay una solución fácil para resolver esa situación.

La mejor manera de vencer el miedo es perdiendo la sensibilidad al objeto temido. Por ejemplo, si una persona siente terror por las arañas, saber que hay una araña a 20 metros de distancia en un frasco cerrado y al mismo tiempo permanecer viendo un programa de televisión divertido durante cinco minutos, puede ser soportable a pesar de la fobia que sufre. Gradualmente se puede prolongar la experiencia hasta llegar a media hora y después lentamente disminuir la distancia hasta que la persona pueda entrar a una exposición de arañas vivas, desplazarse a un metro de los exhibidores en un recorrido, sin sentir miedo. Si se acostumbran mucho a las arañas, hasta pueden llegar a sentir simpatía por ellas.

Cuando dos perros adultos previamente desconocidos deben compartir un hogar, primero deben adquirir el hábito de escucharse y olerse detrás de una puerta, después deben verse a través de una reja. Más adelante, pueden pasear juntos hasta que se acostumbren a su mutua compañía.

Cuando un padre de familia sale al amanecer a pasear al perro durante una hora cada día, el perro y el hombre no platican, solamente experimentan la satisfacción de la mutua compañía y la costumbre se hace tan poderosa que, después de doce años, resulta difícil para el hombre comprender el vacío que causa la muerte del perro.

La costumbre es la base del afecto. Las personas nos habituamos a la compañía de otros y cuando ya no están, nos hacen falta. Si cuando comienza a deteriorarse, se quiere rescatar la relación entre dos personas, lo primero a recuperar es la costumbre. Con frecuencia los seres humanos creemos que hay que platicar sobre una relación para salvarla y lo que logran con ello es revelar confesiones hirientes e imperdonables. A las personas que tienen poco tiempo libre, en lugar de compartir una tarde con alguien, resulta más fácil platicar por teléfono media hora como sustituto de convivir. Si dos personas que se han distanciado comparten el gusto por alguna actividad, y han acordado establecer una rutina para participar en ella, recuperarán la costumbre de estar juntas.

Lidiar con el miedo no es fácil. En ocasiones, el miedo puede salvar la vida del individuo y en otras puede limitar las posibilidades de desarrollo de una persona e incluso volverse una discapacidad, como la timidez excesiva.

Al enfrentarse a la novedad, los lobos son muy miedosos. La seguridad dicta observar desde lo más lejos posible aquello que es nuevo. Si no parece ser peligroso, los lobos con mucha cautela se acercan un poco. La técnica del lobo es simple: ante lo nuevo, desconfiar, observar, adquirir información sin prisa y, cuando ya se conoce la naturaleza de lo nuevo, adoptar una postura. Lo nuevo será considerado peligroso si lastima o ataca; será inofensivo si no tiene la capacidad de hacer el mal; será neutro si no interactúa; será divertido si se puede incorporar en los juegos y será delicioso si se puede comer sin envenenarse. A priori, el lobo tiene miedo y desconfía; a posteriori, la experiencia le proporcionará la información para decidir.

IX

Toda moneda tiene dos caras. Por un lado está el dilema de quien se enfrenta con un ser diferente o con la posibilidad de una nueva experiencia. Por el otro lado se encuentra una persona que es distinta a todas las demás. ¿Qué hace una persona así en una cultura conservadora que no admite las diferencias?

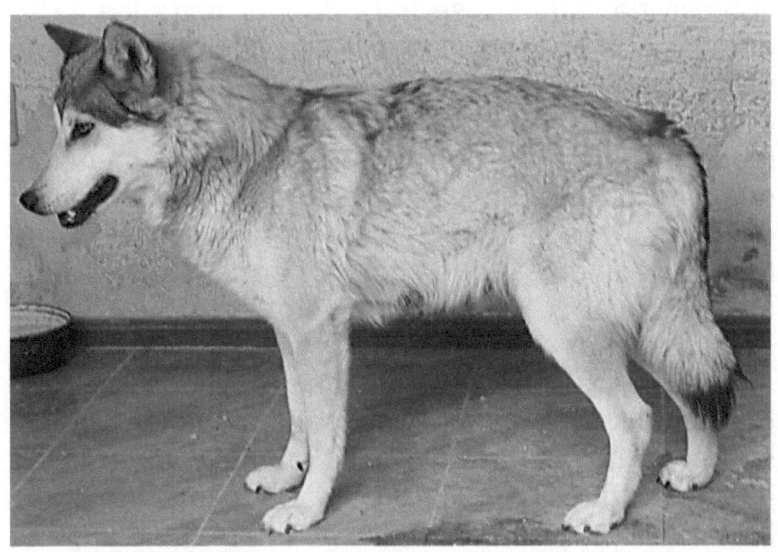

Entre las subespecies de lobos americanos, el lobo mexicano era la más pequeña. Desde Texas y Nuevo México hasta Oaxaca, el aullido del lobo se escuchaba en los bosques. Considerado una amenaza para sus animales, los ganaderos norteamericanos promovieron su exterminio. En los años 50, durante una campaña de erradicación de la rabia auspiciada por el Servicio de Pesca y Vida Silvestre de los Estados Unidos y por la Oficina Sanitaria Panamericana, se distribuyó ampliamente el veneno llamado 1080 en México, lo que condujo a la extinción del lobo mexicano. Algunos ejemplares sobrevivieron en cautiverio y en octubre de 2011 se reintrodujeron cinco lobos a los bosques de la Sierra Madre Occidental. En diciembre de ese mismo año, cuatro ya habían muerto envenenados. Un lobo silvestre siempre estará en peligro de ser descubierto y envenenado o cazado. Si un lobo pudiera moverse libremente entre las personas sin ser reconocido, sobreviviría. Cuando se trata de vivir entre los seres humanos, la apariencia significa la diferencia entre la vida y la muerte.

Consideremos el caso hipotético de dos perros lobos, hijos de un perro y una loba. Supongamos que uno parece un pastor alemán negro y blanco mientras que el otro es inequívocamente un lobo. Imaginemos que, como hermanos que son, están comiendo uno junto al otro en un basurero. Las personas ven a un perro husmeando en un basurero y sienten lástima. Si ven a un lobo hurgando en la basura, se sentirán amenazados, buscarán un rifle o pondrán veneno y tratarán de acabar con él. Aquel que sea reconocido como lobo, siempre estará en riesgo. Para vivir seguro, un lobo no requiere vestirse con piel de oveja, basta con que parezca perro o hasta podría conservar su apariencia de lobo, pero ser mucho más pequeño. Si un lobo fuera un poco menos tímido y un poco más amigable que el común de los lobos y además fuera de tamaño reducido, tendría derecho a vivir entre las personas, dormir en sus camas o acompañar a sus dueños a ver, en una pantalla de plasma, películas sobre hombres lobo, mientras dormita en un almohadón.

Con la experiencia que ha vivido el lobo, hemos aprendido que en tanto alguien parezca una persona ordinaria, estará a salvo. Sin embargo, existen grupos con prejuicios que, además de tener poder político y económico, también son capaces de convertir su odio en acciones concretas. Cuando esos grupos descubren que alguien es judío, gay, musulmán, gitano, latino o cualquier otra etiqueta que sea rechazada, se puede llegar al acoso, la persecución, la discriminación, la segregación y hasta los crímenes de odio. En tiempos de inseguridad, la ostentación puede traer otras nefastas consecuencias, como la extorsión, el secuestro o la muerte.

Aprendemos del lobo que, en un ambiente agresivo, en lugar de presumir las características que podrían significar la destrucción de una persona, es mejor ser discreto.

X

El tiempo en el que los lobos adultos juegan con los cachorros es de gran utilidad para toda la manada. Durante el juego, los cachorros están cuidados y atendidos, aprenden habilidades sociales, se integran en la familia, fortalecen sus vínculos afectivos y practican conductas que les ayudarán a huir cuando sea necesario, a defenderse y a cazar. También desarrollan una relación amable con el alfa, aprendiendo que el alfa promueve el juego y la diversión y es fuente de lo mejor, de lo necesario, de lo agradable; la manada lo aprecia y por eso permanece con él.

Para sobrevivir en el ambiente específico en el que nacieron, los lobos tienen que aprender un gran número de habilidades. La única forma que tienen de aprender es jugando y el juego es divertido. Entre los seres humanos, el aprendizaje se ha distorsionado y se ha sistematizado en una institución represora que funciona con amenazas y recompensas. A los estudiantes más destacados los motiva obtener las más altas calificaciones; a los menos interesados, les importa no reprobar. Las consecuencias de las bajas calificaciones van desde castigos hasta la pérdida de becas y oportunidades académicas y laborales.

Los lobos juegan porque es divertido hacerlo y aprenden. Gran parte de los juegos de los lobos está constituida por simulaciones de cacerías. Los lobos se acechan, tratan de acercarse sigilosamente sin ser percibidos, corren, persiguen, saltan y derriban. Ocasionalmente, por accidente, alguna liebre coincide en el área de juego y la emoción de la cacería se confunde con el juego, persiguiendo a un animal tan extraordinariamente veloz y ágil. No obstante, los lobos distinguen entre la representación teatral lúdica de una cacería y la caza intencional para conseguir alimento. Las actividades corporales y los movimientos de invitación al juego y a divertirse son sustituidos por una atención enfocada hacia las presas. Cuando salen a cazar, los lobos juegan entre sí, pero ante la presa, la intensidad de la concentración sustituye todo el jolgorio del juego. El aprendizaje y la práctica son divertidos, pero hay que enfocar todo el esfuerzo en una actividad de la que depende la vida de la familia y especialmente de los cachorros.

XI

Durante decenas de miles de años los seres humanos y los lobos compartieron los bosques de Europa. En el verano, los esbeltos cromañones escuchaban atentos el aullido de los lobos. Habían aprendido a distinguir las sutiles variaciones de tono y melodía en los tristes lamentos de los lobos. Los humanos escuchaban los intercambios de mensajes entre los lobos y estos les guiaban en su búsqueda de las manadas y de los rebaños de los herbívoros que cazaban. En las noches de invierno, las tribus humanas se escondían en cuevas y se reunían en torno al fuego. Envueltos en pieles, los humanos seguían atentos a las voces de los lobos, ahora con temor. Pasaron los milenios, y mientras, el número de manadas de lobos no podía aumentar ilimitadamente, puesto que estaba restringido por la disponibilidad de territorio y de presas; en cambio, la población humana se incrementó sin cortapisas.

Las tribus humanas inventaron la agricultura e implementaron la ganadería, talaron los bosques y exterminaron no solamente a los lobos sino también a las presas de las que estos se alimentaban. Una tras otra, las provincias de Europa olvidaron el aullido del lobo. El paisaje cambió radicalmente. Para los lobos era un mundo nuevo.

Imaginemos el escenario en el que, después de una pandemia, una guerra de exterminio, un desastre climático global o la caída de un meteorito o de un cometa, la especie humana ha quedado prácticamente extinta. Sigamos los pasos de una superviviente, una jovencita, casi niña. Se ha separado de sus padres y de sus hermanos, se encuentra desamparada en un mundo adverso y peligroso e ignora si quedan más humanos en otras comarcas. Una princesa, la última de un orgulloso linaje de emprendedores, ahora tiene que buscar alimento en pilas de desperdicios. Para ella la vida es así hoy, será igual mañana, las condiciones no cambiarán. No es una historia en espera de un final feliz. Ella, tan acostumbrada al bullicio de su familia, está condenada a la soledad. Entre los lobos, estos casos están documentados: jóvenes lobas aisladas de los suyos en Suecia, en Israel, en el noroeste de México o en los Apeninos en Italia.

En Europa, hoy en día el gran cánido sobrevive solamente en las regiones rurales más recónditas. Desprovistos de fuentes de alimento, los pocos lobos que quedan se ven obligados a recurrir a los basureros y a matar animales de granja para tener algo que comer.

Reducida a la soledad, en las noches una lobita se acerca silenciosa a un redil de ovejas con la esperanza de robarse algún cordero o vencer a algún carnero o cabra, pero la mayor parte de las veces, se retirará con el estómago vacío. Al amanecer, debe regresar sigilosamente a su madriguera antes de que los seres humanos comiencen sus labores cotidianas. Cuando la noche ha sido particularmente infructuosa, el amanecer sorprende a la joven loba tratando de conseguir un bocado para pasar el día. Los campesinos salen de sus cabañas, los niños se dirigen bromeando hacia la escuela por los polvorosos caminos y el silencio de la noche se convierte en el ruido de las primeras horas. Los perros ladran y los pastores sacan a las ovejas de sus corrales. La loba tiene que recurrir a algún escondite improvisado entre unas rocas o arbustos a pocos pasos de la actividad humana. En invierno la vida es todavía más difícil; la nieve dificulta su movimiento, se ve obligada a bajar de las montañas donde la nieve es más profunda y desciende a los valles donde puede desplazarse más fácilmente, pero corre mayor peligro de ser descubierta.

Un día de invierno, la joven loba se torna inquieta, el monótono paisaje cotidiano carece de cualquier interés; tal vez en otro sitio encuentre otros de su especie. Se pone en marcha y camina decidida, pero prudente, hacia lo desconocido. Es en esa estación de privaciones cuando las lobas entran en celo. Solamente así sus crías nacerían en la primavera. Sin más compañía que los murmullos de la noche, la loba recorrerá bosques y valles, pasará junto a poblados, estará atenta a los peligros. La mayor parte de las veces estas odiseas terminarán con la muerte de los lobos. Serán atropellados, cazados o envenenados. Muy pocas veces una hembra errante llegará a un territorio donde algún lobo solitario ha sobrevivido, y juntos, la hembra viajera y él fundarán una nueva manada. Poco a poco, los lobos intentan dispersarse y ocasionalmente conquistan nuevos espacios, pero muchas veces encuentran la muerte.

La lobita transita por extensiones enormes de pastizales, riscos, bosques y parques plagados de peligros, no sabe si es la última de su especie y no puede predecir si algún día en su vejez, después de una vida vacía de compañía, se acurrucará en un

rincón y ya no despertará. Mientras vive y la juventud
no se ha ido, sigue trotando por el mundo que
conquistaron los humanos y en el cual ya no cabe.
Un día se da cuenta que la siguen. Un perro grande
ha percibido su olor y se siente atraído. La soledad
de la loba es tan grande, que intenta jugar con él.
Él está receloso y le gruñe. Los lobos y los perros
son enemigos mortales. La loba lo invita a jugar con
ella, a correr en círculos, a saltar y perseguirse por
el bosque. Finalmente, el perro cede, se queda con
ella una semana y después se va; no se volverán
a encontrar.Sin embargo, la loba ya no está sola.
En su seno, una camada de perros-lobo se gesta.
A pesar de que su conducta será la de los lobos,
nadie sospechará la verdadera identidad de estos
cachorros negros con patas blancas, y así podrán
recorrer grandes distancias sin que los cacen o los
envenenen.

En Europa, en el cercano oriente y en la península arábiga los perros-lobo no son raros. El olor de una loba en celo atrae a los perros de los alrededores, los cuales no encuentran lobos rivales que defiendan a la hembra. La desesperada soledad de las lobas jóvenes les facilita el encuentro. Las mezclas nacidas de tales encuentros serán compañía para su madre, formarán una manada con ella, también perpetuarán su linaje y tal vez llevarán su descendencia a lugares remotos de una manera más segura.

¿Qué podemos aprender del lobo? En los momentos más difíciles de soledad y persecución, el lobo sale a buscar oportunidades. No rechaza lo que encuentra, ni siquiera la basura o los animales de granja; para sobrevivir es preciso no ser exigente.

En ocasiones, las personas creemos que las oportunidades llegarán a tocar nuestra puerta. Esperamos a que alguien nos resuelva nuestros problemas, nos consiga trabajo, nos preste dinero, nos explique o llene nuestros vacíos. El lobo nos dice que no nos quedemos esperando, que salgamos a buscar la respuesta; seguramente estaremos solos, el camino será difícil, pero nadie lo recorrerá por nosotros. No habrá garantías; sin embargo, debemos emprender la travesía.

También sucede que las personas deseamos tanto conseguir algo o a alguien, que nada ni nadie más nos satisface. El lobo nos dice que aprovechemos lo que tenemos a la mano; que no rechacemos a priori lo que encontremos, ni siquiera si nos parece escaso o poco interesante. Para ser felices es preciso no ser demasiado exigente. Soñar con lo imposible es una evasión de la realidad.

Muchas veces los seres humanos encontramos tanta seguridad en nuestras rutinas, nuestras creencias o nuestro conocimiento, que no aceptamos nada más. El lobo nos enseña a ser adaptables, incluso a ser capaces de hacer alianzas, si bien temporales, con nuestros enemigos. Sin apegos o dependencias, debemos aprender a distinguir las relaciones que hay que dejar ir en cuanto han cumplido su cometido, en tanto que debemos aprender a entregarnos comprometidamente y con lealtad a los vínculos que son valiosos y que durarán toda la vida.

XII

En las películas, cuando un león se lanza sobre su presa, ruge. En la vida real, para que la cacería tenga éxito, al león le conviene acercarse lo más posible sin que la presa advierta su presencia; para ello, debe ser lo más silencioso posible. Un rugido ahuyentaría a todos los herbívoros y arruinaría la cacería. El propósito del rugido es que el intruso se aleje; jamás es un mensaje para una presa, porque a las presas no se les aleja. Está dirigido a los individuos invasivos, parientes o extraños. Por sí mismos, los rugidos y los gruñidos constituyen un mensaje: "Te advierto que estás invadiendo mi espacio". Muchas personas creen que los rugidos y los gruñidos son el inicio de una agresión. No es así, a nadie le conviene que las situaciones incómodas escalen a un pleito que traiga heridas que se infecten, que debiliten, que disminuyan la velocidad y la fuerza. Lo mejor para todos es que el mensaje sea claro y se atienda. Muchas personas creen que un gruñido significa desafío; la mayor parte de las veces no lo es.

Una manada de lobos tuvo éxito en una cacería y mataron a un gran alce macho que se había roto una pata días antes, al resbalar en el hielo y caer entre unas rocas. Los lobos terminaron de comer y están satisfechos. Una joven loba de jerarquía inferior está royendo un hueso. El macho alfa, líder de la manada, se le acerca y la hembra le gruñe. El macho alfa sabe que la hembra no lo está desafiando, ella no quiere derrocarlo, ni está retando su liderazgo, el alfa sabe que el mensaje del gruñido es: "Estás invadiendo mi espacio". Con un gruñido, la lobita está pidiendo respeto a su privacidad y a la propiedad personal; quiere roer su hueso en paz.

Si la loba alfa está amamantando a sus cachorros de pocas semanas de nacidos y el macho alfa se acerca, la hembra le gruñe. Una vez más el líder sabe que no lo están desafiando; la loba solamente exige respeto para sus crías.

En otro caso, si un grupo de lobos nómadas invade el territorio de una manada establecida, a pesar de que el coro de aullidos les había indicado que no era espacio libre, los gruñidos brutales y salvajes contendrán el mismo mensaje: "Te advierto que estás invadiendo mi espacio, exijo respeto a mi territorio". Si los intrusos no se retiran, probablemente la situación tome un giro muy violento.

En general, el gruñido tiene el propósito de evitar la violencia. La efectividad del gruñido como medio de comunicación radica en la simplicidad del mensaje que transmite.

Entre los seres humanos, el gruñir sería muy útil. Por ejemplo, una abuela tiene planes para la tarde: quiere ir a comprar unos mantelitos que le gustaron mucho, aprovechando que es el último día en el que estarán en oferta. Cuando se dispone a salir de su casa, llega su hija con la petición de que cuide a los nietos porque tiene que ir a una junta de trabajo inesperada. Si fueran lobos, la abuela gruñiría porque su espacio fue invadido. Pero como ser humano, si no acepta, se sentirá culpable y prefiere la frustración a la culpa. Se queda cuidando a los niños, pero su enojo se escapa a través de las grietas del sarcasmo. Cuando la hija viene por fin a llevarse a los niños y van en su automóvil de regreso a su casa, los nietos comienzan a preguntar: "¿Por qué dice mi abuela que mi papá...?, ¿por qué dice mi abuela que en nuestra casa...?, ¿por qué dice mi abuela que tú...?" La hija se molesta, la abuela ya estaba enojada y la relación se deteriora, aunque sea un poco.

Un jovencito de catorce años de edad está viendo pornografía encerrado con llave en su cuarto. Suena su teléfono celular; es un amigo que lo invita a ir a dar la vuelta a una plaza comercial. El joven deja su computadora encendida y se mete a bañar. Sabe que la puerta de su cuarto está cerrada con llave y no se preocupa por el vídeo en su pantalla. Su madre terminó de sacar la ropa de la secadora, trae un cesto con la ropa limpia y encuentra cerrada con llave la puerta de su hijo. Toca y nadie contesta. Va por la llave del cuarto y entra. El monitor de la computadora muestra un protector de pantalla con figuras geométricas de colores. La madre acomoda la ropa en los cajones, cuelga las camisas y los pantalones en ganchos en el clóset y accidentalmente mueve el mouse con el canasto. Las imágenes geométricas se sustituyen inmediatamente por desnudos con alto contenido de sexo explícito. Primeramente, la señora se sorprende, pero después se siente ofendida y muy enojada de que en su propia casa se vean esos vídeos. En ese momento se abre la puerta del baño y sale el jovencito completamente desnudo. Si fueran lobos, los dos se gruñirían un buen rato y con mucho enojo, ya que ambos sienten que sus espacios han sido invadidos y finalmente la madre saldría, el hijo apagaría la computadora, se secaría, se vestiría y se iría con sus amigos para contarles, divertido, el suceso. El propósito de gruñir es que la tensión se desahogue y nadie salga lastimado. Pero no son lobos y el lenguaje humano proporciona más contenido que una advertencia ante la invasión de la privacidad. La madre y el hijo se empiezan a gritar, la madre dice comentarios muy hirientes y agresivos, el hijo la insulta, la madre le da una bofetada, el hijo la saca a empujones del cuarto, cierra la puerta azotándola y le pone el seguro, pero la madre tiene la llave y vuelve a entrar. Se vuelven a gritar mientras el hijo se viste y en cuanto está listo sale insultando a su madre. Además de que físicamente intercambiaron empujones y un bofetón, los dos quedaron muy lastimados emocionalmente. Como consecuencia de los insultos y agresiones verbales, la relación quedó muy afectada y la confianza se rompió. Los seres humanos tenemos el poder de hacer mucho daño con nuestras palabras.

XIII

En general, la comunicación entre los adolescentes y sus padres tiende a incrementar el conflicto, de tal manera que los adolescentes se vean motivados a independizarse. Los padres comienzan el proceso de expulsión de los jóvenes del grupo, reprendiendo con sermones a los adolescentes. Esto ofende a los adolescentes de tres formas distintas. En primer lugar, los adolescentes humanos son muy inteligentes; lo que los padres les dicen, ellos ya lo han pensado antes y es un insulto a su inteligencia que les traten como inferiores diciendo lo que es obvio y de sentido común para todos. En segundo lugar, los regaños invaden la privacidad de los adolescentes y, finalmente, tanto el lenguaje corporal como los tonos de voz de los padres reflejan una actitud controladora, intolerante y dominante. De esta forma los padres despiertan una respuesta defensiva en los hijos y los obligan a proteger su espacio y a reafirmar su individualidad. El único camino que tienen los adolescentes para mantener el respeto y la dignidad, es desafiando a sus padres y haciendo lo contrario a lo que su propio sentido común les dicta. Para los adolescentes, obedecer a los padres es aceptar la humillación de someterse a un adulto; que hagan lo opuesto a lo que se espera de ellos es una declaración de independencia. De esta manera, el conflicto escala hasta que ya no puede sostenerse y los jóvenes deben dejar su casa.

La transición de la niñez a la pubertad no solamente va acompañada por cambios conductuales. El cambio de olor de los adolescentes evoca una reacción de rechazo en los adultos. Estos además se sienten incómodos por la imprudencia, los juegos bruscos, movimientos torpes y comentarios insensibles característicos de esa edad. En el caso de los leones, a los adultos les parece crecientemente impertinente todo lo que hacen los jóvenes machos. Las hembras adultas los encuentran amenazantes para las crías recién nacidas, les parece que comen demasiado, se sienten agobiadas por su enorme necesidad de espacio y ellas comienzan a expresar su malestar con rugidos. Los jóvenes leones machos se resisten a dejar el mundo que conocen, aprecian y en el que se sienten seguros, pero terminan por resignarse a que ya no caben en su familia y dejan su manada. La comunicación entre los leones es inequívoca y se basa en el lenguaje corporal, vocalizaciones y el olor tanto corporal como de heces y orina.

XIV

Los lobos se comunican principalmente a través de la vista, el oído y el olfato. El código de señales es inequívoco y no está sujeto a interpretaciones subjetivas. Una hembra en celo que orina muy cerca de otra hembra, aunado a la posición exacta de sus orejas, sus labios, su melena, su cola, sus piernas y su postura, más sus vocalizaciones, transmite un mensaje preciso. Para cada lobo existe un diccionario de cientos de combinaciones, cada una de las cuales tiene un significado único. Ante un mensaje preciso dirigido a otro lobo, el receptor responde con otra combinación exacta de señales auditivas, corporales y olfativas. De esta manera los dos lobos se comunican con claridad. Por ejemplo, uno de ellos dice: "Soy superior a ti y estoy de mal humor". El otro responde: "Por favor vamos a jugar". El primer lobo cambia su lenguaje corporal y sus vocalizaciones y replica: "No estoy de humor". Su interlocutor también cambia su mensaje y comunica: "Mira, parezco un cachorro indefenso". De esta manera se desenvuelven las conversaciones entre los lobos. Son precisas y sin errores de interpretación.

Otra función del uso de la palabra entre los seres humanos es convencer a otro de hacer algo que no forma parte de su responsabilidad. Por ejemplo, a una joven le gustan mucho los gatos y su novio no los soporta. Ella lo convence de que tengan un gato. Con el tiempo, cuidar al felino se convierte en el trabajo del novio. Cada tres días, él tiene que cambiar la arena del gato y todos los días le da leche y croquetas. Ella piensa: "¡Qué lindo!, me quiere tanto que, aunque detesta a los gatos, hasta le cambia la arena al mío". Él piensa: "¿Para qué quiere ella un gato, si ni siquiera le cambia su arena?

Este arenero apesta insoportablemente y yo tengo que estar haciendo esto que aborrezco". Muchas personas ven una relación como una competencia deportiva, un concurso de voluntades. Y tienen razón, cada vez que una persona convence a otra de hacer algo que no quiere, gana la necesidad de control del convincente y pierde la relación.

Los seres humanos hemos perdido la capacidad de leer los mensajes corporales y atendemos únicamente el significado de las palabras. Por ejemplo, un novio, mediante su postura corporal, el movimiento de sus ojos y las inflexiones de su voz dice a su novia: "Yo soy un seductor y tú eres una tonta ingenua fácil de engañar"; sin embargo, con palabras le dice: "No sé por qué contigo siento lo que nunca había sentido antes; tú eres diferente y me haces sentir especial. Nunca creí que yo pudiera querer a alguien tanto como te quiero". Su lenguaje corporal cambia y ahora significa: "Seguramente vas a comenzar tus balbuceos aburridos y yo voy a interrumpirlos besándote en la boca". La jovencita carece de toda capacidad para interpretar el lenguaje corporal porque quiere creer que las palabras son verdaderas. Necesita sentirse querida y aceptada y está desesperada por encontrar a alguien que la considere un ser humano único e irreemplazable. Siente que sus padres están muy ocupados atendiendo sus propios problemas y preocupaciones y satisfaciendo sus propias necesidades, no le proporcionan el ambiente de afecto que ella requiere y de pronto aparece este príncipe azul que llena su necesidad de amar y ser amada.

Con los seres humanos, toda la comunicación es muy compleja. Por una parte, puede haber contradicción en los elementos del mensaje, y también puede haber confusión en la interpretación del mismo. Una joven llama por teléfono muy zalamera a una de sus amigas y la otra piensa: "¿Qué quiere? Seguramente me va a pedir algo. ¡Qué casualidad que de repente le caigo tan bien!". Conforme las personas sufren de mayor número de decepciones, traiciones y engaños, se vuelven más desconfiadas y, con una cantidad muy pequeña de información, elaboran interpretaciones alejadas de la realidad. No las construyen sobre sus percepciones del lenguaje corporal, sino sobre su aprendizaje de experiencias previas.

Un joven ve y escucha a la novia platicando animadamente por su teléfono celular; supone que ella está hablando con otro pretendiente y le arma una escena de celos. Ella le responde airada: "¿Qué te pasa? Yo estaba felicitando a mi mamá porque ganó una comisión muy buena con la venta de una casa. ¿Qué tienes en la cabeza? ¿Estás loco?". La reacción del novio no dependerá del lenguaje corporal que perciba de la joven, sino de las necesidades emocionales de él. ¿Qué es más importante para él, sentirse amado o prefiere sentirse herido? En ese momento, ¿qué necesita, una válvula de escape para desahogar la culpa de haber maltratado y hasta golpeado a su novia anterior? ¿Necesita sentirse melancólico y triste? ¿Quiere que lo alegren? ¿Necesita consuelo y protección? ¿Necesita dejar salir su ira y expresar su enojo? ¿Requiere una justificación para sus celos? Dependiendo de lo que él necesite emocionalmente, creerá o no en su novia.

Los seres humanos no sabemos interpretar los mensajes que nos comunican, atendemos el significado de las palabras y reaccionamos ante ellas según nuestras necesidades emocionales del momento. Esto sucede porque no vivimos en un grupo con solamente tres o hasta doce individuos con los cuales convivimos todo el tiempo y a los cuales conocemos de sobra. Los seres humanos tenemos que interactuar con cientos de personas en una semana: cajeras, meseros, empleados, clientes, recepcionistas, subordinados, jefes, proveedores, compañeros de trabajo, amigos, conocidos, compañeros de escuela, parientes políticos, familiares y amigos de la familia. Incluso con nuestro grupo de pertenencia más cercano, no tenemos mucho tiempo para compartir. Las palabras nos ofrecen un medio eficiente para comunicar nuestras intenciones. Bastan unos segundos para decirle al dependiente que queremos un capuchino con sabor a maple, descafeinado, con leche descremada y con sustituto de azúcar. El mensaje es claro y esperamos obtener lo que pedimos. No nos importa si el lenguaje corporal del empleado indica que le duele el estómago.

Cuando el marido llega en la noche a casa, la esposa está sentada frente a la mesa del comedor, haciendo cuentas, y le informa que hay que pagar las colegiaturas de los niños, la renta del departamento, el recibo del teléfono e internet, la mensualidad del coche, el saldo de la tarjeta de crédito y ello suma $60,000. Después de recibirlo con estas noticias, ella se pone de pie, se dirige a la cocina, abre el refrigerador, saca un plato con guisado de carne de res y lo coloca en el horno de microondas para que cene su esposo. Ni siquiera se percata de la expresión de angustia de su marido porque las ventas de su negocio han estado muy mal, tiene que pagar $100,000 a los proveedores y no sabe qué hacer. El esposo ha estado tan preocupado por la situación de su negocio que no se ha dado cuenta de que lleva dos semanas sin tener relaciones íntimas con su esposa y él no ha percibido las crecientes muestras de frustración y enojo de ella.

Los seres humanos no sabemos lo que hay en las mentes, ni siquiera de nuestros seres queridos más cercanos. No tendríamos por qué saberlo, pues toda nuestra comunicación está mediada por palabras y sería imposible saber cuáles son las palabras exactas que pasan por la mente de otro ser humano en un momento dado. Muchas veces nuestras conversaciones son sucesiones de mentiras, absurdos, equívocos, errores, malentendidos y engaños. Tenemos que recuperar la capacidad de percibirnos, conocernos y compartir más actividades y menos conversaciones por chat.

CONCLUSIÓN

Los seres que avanzan silenciosamente en el bosque en busca de alimento para ellos y para sus hijos no son asesinos crueles. Podrían ser cazadores humanos que recorrían la taiga hace doce mil años o una manada de lobos, en algún lugar recóndito, donde aún no han sido erradicados.

Hoy en día, alejados de la vida silvestre, los seres humanos hemos renunciado a aprender de la naturaleza y con ello hemos rechazado la sabiduría intuitiva que en ella podríamos encontrar.

Aun cuando vivimos en ciudades con millones de habitantes, los seres humanos nos relacionamos con un número pequeño de personas a quienes conocemos y con quienes convivimos. Hay establecimiento que visitamos habitualmente, en donde reconocemos a quienes allí encontramos: restaurantes, tiendas, gasolineras, farmacias, escuelas, o cualquier otro sitio que frecuentemos. Si sumamos a todas las personas e incluso mascotas que conocemos, rara vez pasarán de mil. Una localidad de mil habitantes es considerada una aldea. Es como si viviéramos en una aldea sumergida dentro de una gran ciudad llena de desconocidos, calles, automóviles, motocicletas, edificios y estacionamientos.

A pesar de vivir en los bosques y no en ciudades, la vida de los lobos no es tan diferente. Habitan en grandes espacios, en donde conviven con miles de seres que mantienen un estado de anonimato: árboles, insectos, roedores y hongos, entre otros, que tienen olores diferentes y característicos, pero son parte del paisaje. Otros seres, en cambio, están perfectamente individualizados: osos, lobos, perros, alces o seres humanos que comparten el espacio de vida en forma permanente y que dejan su olor y sus huellas por donde transitan.

Del lobo podemos aprender que un líder amable y amado promueve la cooperación del grupo y el éxito y beneficio de todos. La violencia es costosa. Si los lobos se hieren entre sí, no podrán enfrentar a sus presas, ni defenderse o huir de sus enemigos. En lugar de acudir a la agresión, los lobos resuelven sus conflictos con ritos simbólicos, gestos de apaciguamiento, juegos y coros de aullidos.

Los lobos también nos muestran que las metas demasiado ambiciosas y riesgosas no son el mejor camino para tener éxito. Cuando se apuesta a ganar todo o perder todo, el resultado puede ser terrible. Las metas razonables y accesibles conducen a la prosperidad.

Cuando el ambiente impone crisis que parecen insalvables, los lobos nos muestran que la adaptabilidad, las alianzas sorprendentes y novedosas y la aceptación de recursos (que tal vez no parecen los óptimos o ni siquiera atractivos) pueden ayudar a evitar el exterminio.

Antes de seguir persiguiendo a los lobos hasta extinguirlos, tal vez primero deberíamos observarlos y descubrir lo que podemos aprender de ellos para mejorar nuestras vidas. Si los conociéramos mejor, los seres humanos valoraríamos de los lobos la unidad familiar, sus vínculos afectivos y la lealtad entre padres e hijos y entre hermanos.

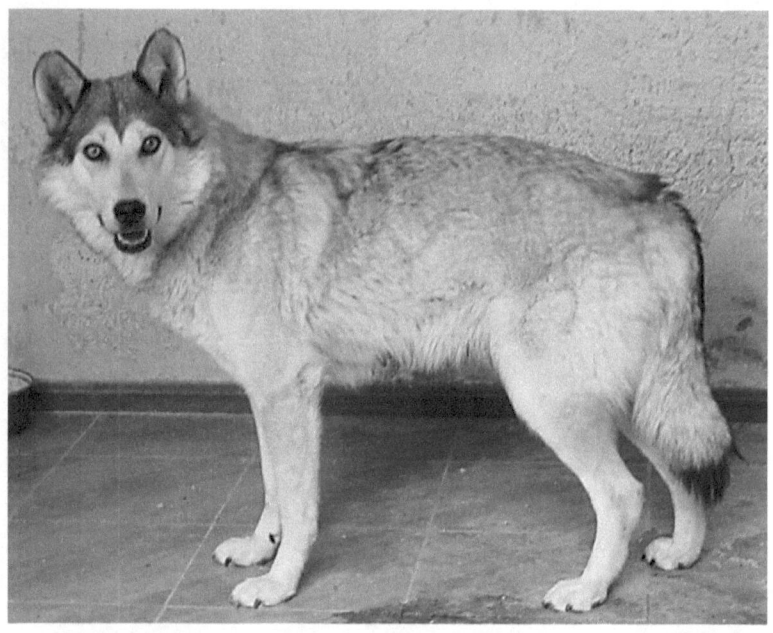

www.ingramcontent.com/pod-product-compliance
Lightning Source LLC
Chambersburg PA
CBHW031302280526
45784CB00004B/1951